PUBLICATION DE LA " DÉFENSE AGRICOLE DE LA RÉGION DU NORD "

AMIENS

LA CONSTITUTION

D'UN

BIEN DE FAMILLE INSAISISSABLE

Étude pratique de la Loi du 12 Juillet 1909

(Objet des Félicitations officielles du Ministre de l'Agriculture (8 Janvier 1914)

PAR

E. DELAPORTE, Avocat

AMIENS

IMPRIMERIE DU PROGRÈS DE LA SOMME

18, Rue Alphonse-Paillat, 18

1914

PUBLICATION DE LA " DÉFENSE AGRICOLE DE LA RÉGION DU NORD "

AMIENS

LA CONSTITUTION

D'UN

BIEN DE FAMILLE INSAISISSABLE

Étude pratique de la Loi du 12 Juillet 1909

(Objet des Félicitations officielles du Ministre de l'Agriculture (8 Janvier 1914)

PAR

E. DELAPORTE, Avocat

AMIENS

IMPRIMERIE DU PROGRÈS DE LA SOMME

18, Rue Alphonse-Paillat, 18

1914

LOI DU 12 JUILLET 1909

SUR LA

CONSTITUTION D'UN BIEN DE FAMILLE INSAISISSABLE

TITRE PREMIER

Constitution du Bien de Famille

Article 1er. — Il peut être constitué, au profit de toute famille, un bien insaisissable qui portera le nom de bien de famille.

Les étrangers ne pourront jouir des prérogatives de la présente loi qu'après avoir été autorisés conformément à l'article 13 du Code civil, à établir leur domicile en France.

Art. 2. — Le bien de famille pourra comprendre soit une maison ou portion divise de maison, soit à la fois une maison et des terres attenantes ou voisines, occupées et exploitées par la famille. La valeur dudit bien, y compris celle des cheptels et immeubles par destination, ne devra pas, lors de sa fondation, dépasser huit mille francs (8.000 fr.).

Art. 3. — La constitution est faite :

Par le mari sur ses biens personnels, sur ceux de la communauté ou, avec le consentement de la femme, sur les biens qui appartiennent à celle-ci et dont il a l'administration.

Par la femme, sans l'autorisation du mari ou de justice, sur les biens dont l'administration lui a été réservée.

Par le survivant des époux ou l'époux divorcé, s'il existe des enfants mineurs, sur ses biens personnels.

Par l'aïeul ou l'aïeule, suivant les distinctions ci-dessus, qui recueille ses petits-enfants orphelins de père et de mère ou moralement abandonnés.

Par le père ou la mère, sans descendants légitimes, d'un enfant naturel reconnu ou d'un enfant adopté.

Toute personne capable de disposer pourra constituer un bien de famille au profit d'une autre personne réunissant elle-même les conditions exigées par la loi pour pouvoir le constituer.

Art. 4. — Le bien de famille ne peut être établi que sur un immeuble non indivis. Il ne peut en être constitué plus d'un par famille.

Toutefois, lorsque le bien est d'une valeur inférieure à 8.000 francs, il peut être porté à cette valeur au moyen d'acquisitions qui sont soumises aux mêmes conditions et formalités que la fondation.

Le bénéfice de la constitution du bien de famille reste acquis alors même que, par le seul fait de la plus-value postérieure à la constitution, le chiffre de 8.000 francs se trouverait dépassé.

Art. 5. — La constitution du bien ne peut porter sur un immeuble grevé d'un privilège ou d'une hypothèque, soit conventionnelle, soit judiciaire, lorsque les créanciers ont pris inscription antérieurement à l'acte constitutif ou, au plus tard, dans le délai fixé à l'article 6 ci-après.

Les hypothèques légales, même inscrites avant l'expiration de ce délai, ne font pas obstacle à constitution et conservent leur effet.

Celles qui prendraient naissance postérieurement pourront être valablement inscrites, mais l'exercice du droit de poursuite qu'elles confèrent sera suspendu jusqu'à désaffectation du bien.

Art. 6. — La constitution du bien de famille résulte d'une déclaration reçue par un notaire, d'un testament ou d'une donation.

Cet acte contient la description détaillée de l'immeuble avec l'estimation de sa valeur, ainsi que les nom, prénoms, profession et domicile du constituant et, s'il y a lieu, du bénéficiaire de la constitution.

Il reste affiché pendant deux mois par extrait sommaire et au moyen de placards-manuscrits apposés sans procès-verbal d'huissier à la justice de paix et à la mairie de la commune où les biens sont situés.

Un avis est, en outre, inséré par deux fois, à quinze jours d'intervalle, dans un journal du département recevant les annonces légales.

Art. 7. — Jusqu'à l'expiration de ce délai de deux mois, pourront être inscrits tous privilèges et hypothèques garantissant des créances antérieures à la constitution du bien. Pendant ce même délai, les créanciers chirographaires seront admis à former, en l'étude du notaire rédacteur de l'acte, opposition à la constitution.

Art. 8. — A l'expiration du délai de deux mois, l'acte est soumis, avec toutes les pièces justificatives, à l'homologation du juge de paix.

Celui-ci ne donnera son homologation qu'après s'être assuré :

1° Par les pièces produites, et, s'il les juge insuffisantes, par un rapport d'expert commis d'office, de la valeur des immeubles constituant le bien de famille ;

2° Qu'il n'existe ni privilège, ni hypothèque autres que ceux visés à l'article 5 ;

3° Que mainlevée a été donnée de toutes les oppositions ;

4° Que les bâtiments sont assurés contre les risques de l'incendie.

Art. 9. — Dans le mois qui suivra son homologation, l'acte de Constitution de bien sera transcrit, à peine de nullité.

TITRE II

Régime du Bien de Famille

Art. 10. — A partir de la transcription, le bien de famille, ainsi que ses fruits, sont insaisissables, de même en cas de faillite ou de liquidation judiciaire ; il n'est fait exception qu'en faveur des créanciers antérieurs qui se sont conformés aux dispositions qui précèdent pour conserver l'exercice de leurs droits.

Il ne peut être ni hypothéqué, ni vendu à réméré.

Néanmoins, les fruits pourront être saisis pour le paiement :

1° Des dettes résultant de condamnations en matière criminelle, correctionnelle ou de simple police ;

2° Des impôts afférents au bien et des primes d'assurances contre l'incendie ;

3° Des dettes alimentaires.

Le propriétaire ne peut renoncer à l'insaisissabilité du bien de famille.

Art. 11 — Le propriétaire peut aliéner tout ou partie du bien de famille ou renoncer à la constitution. Mais, s'il est marié ou s'il a des enfants mineurs, l'aliénation ou la renonciation sera subordonnée, dans le premier cas, au consentement de la femme donné devant le Juge de Paix, et dans le second cas, à l'autorisation du conseil de famille, qui ne l'accordera que s'il estime l'opération avantageuse aux mineurs. Sa décision sera sans appel.

Art. 12. — En cas d'expropriation pour cause d'utilité publique, si l'un des époux est prédécédé et s'il existe des enfants mineurs, le Juge de Paix ordonnera les mesures de conservation et de remploi qu'il estimera nécessaires.

Art. 13. — Dans le cas de substitution volontaire d'un bien de famille à un autre, la constitution du premier est maintenue jusqu'à ce que la constitution du second soit définitive.

Art. 14. — En cas de destruction partielle ou totale du bien, l'indemnité d'assurance est versée à la Caisse des Dépôts et Consignations pour demeurer affectée à la reconstitution de ce bien et, pendant un an à dater du paiement de l'indemnité, elle ne peut être l'objet d'aucune saisie sans préjudice pourtant des dispositions de l'article 10 ci-dessus.

Les Compagnies d'assurances ne sont, en aucun cas, garantes du défaut de remploi.

Art. 15. — Il en sera de même pour l'indemnité allouée à la suite d'une expropriation pour cause d'utilité publique.

La femme pourra exiger l'emploi des indemnités d'assurances ou d'expropriation soit en immeubles, soit en rentes sur l'Etat français, à concurrence d'un maximum de 8.000 francs.

Art. 16 — Le Tribunal civil statue, la femme et, en cas de prédécès de l'un des époux, le représentant légal des mineurs appelés, sur toutes les demandes relatives à la validité de la constitution, de l'aliénation totale ou partielle du bien de famille.

L'affaire est jugée comme en matière sommaire.

La femme n'a besoin d'aucune autorisation pour poursuivre en justice l'exercice des droits que lui confère la présente loi.

Art. 17. — L'insaisissabilité subsiste même après la dissolution du mariage sans enfants au profit du survivant des époux, s'il est propriétaire du bien.

Art. 18. — Elle peut également se prolonger par l'effet du maintien de l'indivision prononcée dans les conditions et pour la durée ci-après déterminées.

S'il existe des mineurs au moment du décès de l'époux propriétaire de tout ou partie du bien, le Juge de paix peut, soit à la requête du conjoint survivant, du tuteur ou d'un enfant majeur, soit à la demande du conseil de famille, ordonner la prolongation de l'indivision jusqu'à la majorité du plus jeune et allouer, s'il y a lieu, une indemnité pour ajournement du partage, aux héritiers qui sont ou qui deviennent majeurs et ne profitent pas de l'habitation.

Art. 19. — Le survivant des époux, s'il est co-propriétaire du bien et s'il habite la maison, a la faculté de réclamer, à l'exclusion des héritiers, l'attribution intégrale du bien sur estimation.

Ce droit s'ouvre à son profit, soit au décès de son conjoint, si tous les descendants sont majeurs ou, même lorsqu'il y a des mineurs, si la demande en maintien d'indivision a été rejetée, soit à la majorité des enfants, lorsque l'indivision a été maintenue.

Art. 20. — Il est constitué auprès du ministre de l'agriculture un conseil supérieur de la petite propriété rurale auquel doivent être soumis tous les règlements à faire en vertu de la présente loi et, d'une façon générale, toutes les dispositions intéressant la petite propriété rurale.

L'organisation et le fonctionnement de ce conseil seront fixés par le règlement d'administration publique prévu à l'article 21.

Art. 21. — Un règlement d'administration publique déterminera les mesures d'application de la présente loi.

LA CONSTITUTION
D'UN
BIEN DE FAMILLE INSAISISSABLE

Étude pratique de la Loi du 12 Juillet 1909,

PAR

E. DELAPORTE, Avocat à Abbeville.

Félicitations officielles du Ministre de l'Agriculture (8 Janvier 1914)

La loi du 12 juillet 1909 qui, dans la pensée de ses auteurs, devait avoir une grande portée sociale et une bienfaisante répercussion sur l'Agriculture, est, au contraire, demeurée lettre morte. C'est à peine si, dans la Somme, on en pourrait citer deux applications et encore ne faudrait-il pas un profond examen pour s'apercevoir que les bénéficiaires n'en sont ni des ouvriers, ni des cultivateurs, comme le souhaitait le législateur. A quoi doit-on attribuer cette ignorance de la loi de 1909 ? Ce n'est pas ici le lieu de le rechercher, mais nous ne pouvons nous empêcher de regretter qu'une disposition législative qui eut dû obtenir un légitime succès, qui devrait être connue de tous, bénéficiaires ou non, soit à ce point restée dans l'ombre.

Ce n'est pas à une catégorie d'individus qu'elle s'adresse, mais à tous ceux qui, mariés ou ayant à leur charge des enfants mineurs, veulent assurer à leurs conjoints, à leurs enfants et à eux-mêmes un foyer à l'abri de toute adversité.

Il importe aussi à tous ceux qui n'en peuvent ou n'en veulent bénéficier, de la connaître suffisamment pour, le cas échéant, pouvoir s'opposer à la constitution de bien de famille que tenterait à leur détriment, un débiteur sans scrupules.

Ce n'est pas non plus l'un des côtés les moins remarquables de cette institution qu'elle ne profite qu'à des individus dignes d'intérêt ; car, seuls, en bénéficieront ceux qui, par leur travail et leur conduite, ont su économiser, ou tout au moins conserver quelque bien.

L'idée de la constitution d'un bien de famille insaisissable n'est pas d'origine française ; bien avant 1909, elle était appliquée en d'autres pays. Elle nous a été inspirée par l'exemple déjà ancien du « Homestead exemption » qui fonctionne en Amérique depuis 1839 ; par le « Heimstatt » allemand et par quelques autres dispositions législatives analogues en vigueur dans plusieurs des grandes nations européennes.

L'expérience de ces différents pays est en même temps une réponse aux objections nombreuses que la loi de 1909 n'a pas manqué de rencontrer en France et qui ont retardé son vote depuis la première proposition de M. Léveillé, le 16 juin 1894.

Le but du législateur a été d'assurer à tous, en particulier aux ouvriers des champs et aux petits cultivateurs, un toit et du pain, quelque adversité qui les frappât. Il espérait notamment, en garantissant l'ouvrier agricole et le petit fermier contre les dangers de la saisie-immobilière, retenir à la terre les quelques bras que, péniblement, elle a pu conserver jusqu'ici. Mais, pour arriver à ce résultat, il faudrait que la loi fut mieux connue et c'est pourquoi nous allons successivement passer en revue les conditions de son application, les formalités qu'elle exige, ses conséquences, et comment les créanciers des constituants peuvent échapper aux conséquences de la constitution.

Nous ferons suivre l'explication de la loi d'un résumé qui permettra à ceux qui auront déjà lu cette étude, d'y retrouver d.un coup d'œil les conditions d'application, les formalités et les conséquences.

TITRE PREMIER

Conditions d'application de la Loi :

Il faut, pour bénéficier de la loi du 12 juillet 1909, remplir quatre conditions essentielles :

1° Etre chef de famille ;
2° Etre propriétaire d'une maison avec ou sans terre ;
3° Habiter et exploiter par soi-même ;
4° N'avoir ni dettes hypothécaires grevant l'immeuble, ni dettes chirographaires.

CHAPITRE PREMIER

1re Condition : Etre chef de famille

Le mot « famille » a, dans le langage ordinaire, plusieurs significations ; selon les cas, il embrasse toutes les personnes qu'unit entre elles un lien de parenté, si éloigné soit-il, ou bien il ne comprend, dans un sens plus restreint que l'ensemble des personnes vivant sous un même toit, sous l'autorité et avec les ressources du chef de maison. C'est dans cette acception limitée qu'il faut entendre le mot « famille » lorsque l'emploie le législateur de 1909. Le but de la loi est de protéger le foyer de celui qui s'y soumet, de lui assurer le pain et le toit malgré les adversités qui pourraient l'accabler ; il est donc évident qu'elle ne s'étend pas à l'infini, aux parents éloignés et parfois inconnus, mais que son application ne profite qu'aux époux et à leurs enfants.

Célibataires. — Le titre, le but et les travaux préparatoires de la loi, comme aussi ses différentes dispositions, indiquent assez que le mariage est une condition de son application et que les célibataires en doivent être exclus. Ils n'ont pas de famille au sens que nous venons d'entendre ; leurs charges et les risques qu'ils encourent sont moins grands ; la loi leur doit une moindre protection. Cependant, il faudrait faire exception pour ceux d'entre eux qui seraient pères d'enfants naturels reconnus ou d'enfants adoptifs, car ceux-là ont une famille.

Personnes mariées. — Pour pouvoir constituer tout ou partie de son patrimoine en bien de famille insaisissable, il faut être marié ou avoir été marié. Si le mariage dure encore lors de la constitution, il n'est pas nécessaire qu'il y ait des enfants, la présence des deux conjoints est alors une condition indispensable mais suffisante. Au contraire, si l'union est dissoute soit par la mort, soit autrement, l'existence d'enfants — et d'enfants mineurs — est une conidtion *sine qua non*.

Dans tous les cas, ainsi que nous l'expliquerons plus loin, la constitution du bien de famille peut émaner non seulement du mari, mais aussi bien de la femme.

Epoux survivant ou divorcé. — Nous venons de dire que si le mariage est dissous, que ce soit par la mort de l'un des conjoints ou de toute autre façon, il faut, pour que l'époux survivant ou divorcé puisse user du bénéfice de la loi, qu'il y ait des enfants mineurs. Ceci nous amène à examiner les différents cas qui peuvent alors se présenter.

1º *Enfant mineur né du mariage avec le défunt ou avec le conjoint divorcé.* — Ce cas est celui-là même qu'a voulu prévoir l'article 3 de la loi et qui autorise la constitution du bien de famille.

2º *Enfant mineur né plus de trois cents jours après le décès ou après le divorce.* — L'enfant né dans ces conditions est considéré, par le Code civil, comme un enfant naturel. Pour que la constitution d'un bien de famille soit possible, il faut que cet enfant soit légalement reconnu et qu'il n'existe pas d'enfant légitime.

3º *Enfant mineur né d'un précédent mariage du constituant lui-même.* — Le décès du second conjoint ou le divorce d'avec lui, place le constituant dans la situation d'un veuf ou d'un divorcé ; par conséquent, si l'enfant du premier mariage est encore mineur, son auteur remplit les conditions exigées par la loi et la constitution du bien de famille est possible.

4º *Enfant mineur né d'un précédent mariage de l'autre conjoint.* — Ce cas diffère du précédent en ce que l'enfant est issu d'une précédente union, non du constituant lui-même., mais de son conjoint ; il n'est donc pour le constituant qu'un beau-fils ou une belle-fille. La loi ne désignant que les parents, on ne saurait l'appliquer aux parâtres ou aux marâtres ; la constitution est impossible.

5° *Epoux divorcé voulant constituer un bien de famille, mais n'ayant pas obtenu la garde de ses enfants mineurs.* — La loi ne distinguant pas lorsqu'elle parle de l'époux divorcé, il n'apparaît pas que la privation de la garde des enfants puisse devenir un obstacle à la constitution d'un bien de famille insaisissable. En effet, la garde des enfants n'est qu'une mesure révocable, sur laquelle le Tribunal peut toujours être appelé à statuer à nouveau par suite de circonstances nouvelles, que la mort de l'un des époux, sa disparition, son état mental ou simplement son remariage peuvent modifier, et, en tous cas, elle ne détruit pas le lien de parenté qui existe entre l'enfant et celui de ses père et mère à qui il n'a pas été confié. Le retrait de la garde n'est pas toujours basé sur des considérations de démérite ; bien d'autres éléments entrent en jeu lorsqu'il s'agit de confier l'enfant à l'un des époux : l'âge de cet enfant, son sexe, son état de santé, la profession du père, etc. Les droits successoraux et le droit de puissance parternelle survivent. On ne voit donc pas ce qui, dans le silence de la loi et, au contraire, en présence de ses termes généraux, serait de nature à s'opposer à une constitution qui ne peut être pour les enfants qu'un avantage.

Aïeul ou aïeule. — Par les mots « aïeul » ou « aïeule », il faut entendre aussi bien « bisaïeul » ou « bisaïeule » parce que les raisons d'être sont identiques.

Sous certaines conditions, l'aïeul ou l'aïeule, alors même que leur mariage est dissous et qu'ils n'ont plus d'enfants mineurs, peuvent constituer un bien de famille insaisissable. Mais pour cela, il est nécessaire qu'ils aient recueilli leurs petits-enfants et que ceux-ci soient mineurs, orphelins ou moralement abandonnés.

Et par orphelins, la loi entend orphelins à la fois de père et de mère.

Enfin, par enfants « moralement abandonnés », on sait qu'il faut comprendre ceux dont les parents ont été déclarés déchus des droits de la puissance paternelle en vertu de la loi du 24 juillet 1889.

Pères et mères naturels. — Les parents d'un enfant naturel peuvent bénéficier de la loi du 12 juillet 1909, mais il est pour cela indispensable que l'enfant ait été préalablement reconnu et qu'il n'existe pas de frères ou sœurs légitimes. En effet, si ces père et mère naturels avaient en même temps des descendants légitimes, ils rentreraient dans la première catégorie prévue par la loi et devraient, pour profiter de la constitution, remplir les mêmes conditions que les parents légitimes.

Parents adoptifs. — Le cas d'adoption est prévu par l'article 3 de la loi, lequel permet le bénéfice de la constitution aux parents adoptifs. Si les deux époux sont encore dans les liens du mariage, leur droit découle des §§ 1 et 2 de cet article, mais si le mariage est dissous, on ne voit pas bien ce que signifie cette prévision de l'article 3, § 5, *in fine*. En effet, on sait qu'aux termes de l'article 346 du Code civil, en aucun cas, on ne peut adopter un mineur ; d'autre part, la loi de 1909 veut que les père ou mère qui entendent constituer un bien de famille insaisissable aient pour enfant un mineur.

Mineur émancipé. — Il est fatal que la loi ne puisse prévoir tous les cas ; ainsi, le législateur de 1909 a passé sous silence celui du mineur émancipé marié ou père de famille. La question qu'il est nécessaire de se poser alors est celle-ci : la constitution d'un immeuble en bien de famille insaisissable n'est-elle qu'un acte d'administration, ou bien doit-on la considérer comme un acte de disposition ? Il semble que cette mesure de prévoyance ne soit autre chose qu'un acte de sage et pure administration et qu'un mineur émancipé puisse par suite,, l'accomplir. Cependant, il est des opinions divergentes, notamment celle de Barth (*Constitution d'un bien de famille*, page 38).

Mineur non émancipé. — Le mineur non émancipé est un incapable dans toute l'acception du terme. S'il peut être père de famille, ce n'est qu'en dehors de la loi et cet évènement ne le rend habile à aucun acte de la vie civile ; il ne peut donc constituer un bien de famille, puisque son incapacité est absolue.

Interdit. — Nous en dirons autant de l'interdit. Mais pour lui, il semble que le tuteur puisse opérer la constitution en son nom.

Individu nanti d'un conseil judiciaire. — La capacité de l'individu nanti d'un conseil judiciaire n'a de limites que ce qui lui est interdit par l'énumération de l'article 513 du Code civil ; il est donc apte à rendre son patrimoine insaisissable et l'on peut même penser que c'est peut-être l'un des meilleurs actes qu'il puisse passer.

Constitution au profit d'un tiers. — Quiconque est capable de disposer librement de sa fortune peut faire profiter d'une constitution de bien de famille insaisissable toute autre personne à son tour capable d'être constituant. Cette disposition, due à M. l'abbé Lemire, a pour but d'encourager les libéralités au profit de jeunes époux, et l'on remarquera qu'il n'est pas ici question de minorité pour le bénéficiaire qui, au contraire, devrait être capable de se constituer à lui-même un bien de famille insaisissable.

Il n'est pas inutile d'ajouter que le constituant, autrement dit le donateur, ne peut, pas plus qu'en toute autre circonstance, disposer au-delà de la quotité disponible de sa fortune.

Étrangers. — Les étrangers ne peuvent jouir des prérogatives de la loi que s'ils ont été autorisés à établir leur domicile en France.

CHAPITRE DEUXIÈME

Propriété d'une maison avec ou sans terre

§ 1er. — Nature du droit du constituant

Propriété. — Celui qui veut bénéficier de la loi du 12 juillet 1909 en se constituant un bien de famille insaisissable doit être propriétaire de l'immeuble qu'il veut affecter à cette constitution. Cela ressort aussi bien des discussions que des projets et de la rédaction des articles de la loi elle-même.

Un droit qui serait exposé à être anéanti, à prendre fin avec la mort du bénéficiaire — ou même parfois plus tôt encore — tel qu'un droit d'usufruit, d'usage, d'habitation ou d'emphytéose, ne serait pas suffisant et ne répondrait pas au vœu du législateur.

Non indivision. — Il faut en outre que ce droit de propriété soit nettement délimité, qu'il ne soit compromis par aucune indivision.

§ 2. — Composition du bien de famille

Maison. — Le bien de famille doit comprendre, de toute nécessité, une maison. Le but poursuivi par le législateur est, en effet, d'assurer à la famille un toit, un abri. « Le homestead, selon l'expression de Léon Donnat, est le vêtement de pierre de la famille. »

Mais il n'est pas obligé que ce soit une maison entière, ce peut être une portion de maison, à la condition seulement que cette portion ne soit pas indivise, qu'elle possède une individualité propre, qu'elle ne soit par un quart ou une moitié, mais par exemple un corps de logis, une aile, un étage.

Terres. — Outre la maison, le bien de famille peut encore comprendre un jardin ou des terres ; c'est même une circonstance qu'il est souhaitable de voir réaliser. Comme la maison elle-même, ce jardin ou ces terres peuvent être divis, si comme elle ils possèdent une individualité propre.

Les terres, pour être admises dans la constitution, doivent être attenantes ou tout au moins voisines de la maison. Reste à savoir ce que l'on doit entendre par « voisine » ; à défaut d'une plus grande précision dans le texte de la loi, il appartient au juge de paix chargé de l'homologation de la constitution d'apprécier, selon les circonstances et dans un esprit large, si les terres sont situées à une suffisante proximité.

Valeur. — La constitution d'un bien de famille insaisissable ayant pour but de protéger les bénéficiaires contre les adversités et de leur assurer ainsi un toit inviolable, il est évident qu'on ne pouvait la permettre que sur des immeubles d'une valeur limitée.

La fixation de cette valeur donna lieu à bien des débats et finalement le législateur s'arrêta au chiffre de 8.000 francs.

Au total et au maximum, le bien de famille ne doit pas excéder, au jour de sa constitution, une valeur de 8.000 francs.

Peu importe qu'ensuite, par des circonstances quelconques, il acquiert une valeur plus considérable ; sa situation juridique ne s'en trouve plus modifiée.

D'autre part si, lors de la constitution, l'immeuble a été estimé à une valeur moindre de 8.000 francs, cette valeur peut être ensuite atteinte par le fait de nouvelles acquisitions soumises aux même conditions et formalités, pourvu que l'ensemble ne dépasse pas 8.000 francs.

§ 3. — Biens sur lesquels peut porter la constitution

Il ne peut être institué plus d'un bien insaisissable par famille, et nous allons examiner par qui et sur quels biens peut être faite la constitution.

Mari. — Le mari, pendant le mariage, peut procéder soit seul, soit avec le consentement de sa femme, selon, les destinations ci-après :

A. — *Constitutions que le mari peut faire seul.* — Sans le consentement de sa femme, par application du droit commun, le mari peut constituer un bien de famille sur ses immeubles et sur ceux de la communauté.

B. — *Constitutions qu'il ne peut faire qu'avec le concours de sa femme.* — Le mari ne peut agir qu'avec le consentement de sa femme toutes les fois que la constitution doit comprendre des biens personnels de cette dernière, dont il a l'administration. Ainsi :

1º *Régime de communauté ou sans communauté.* — La constitution peut porter sur tous les biens personnels de la femme, à l'exception de ceux qui auraient été légués à celle-ci sous la réserve de sa propre administration.

2º *Régime dotal.* — La constitution peut comprendre les biens dotaux dont le mari a l'administration.

Femme. — La femme est dispensée par la loi elle-même de toute autorisation, soit de justice, soit du mari pour constituer un bien de famille sur ceux de ses biens dont elle a l'administration, c'est-à-dire :

1º *Régime de la séparation de biens.* — Sur tous ses biens.

2º *Régime dotal.* — Sur les paraphernaux.

3º *Régime de communauté ou sans communauté.* — Sur les biens dont l'administration lui a été réservée par don, legs ou autrement.

4º *Sous tous les régimes.* — Sur les biens acquis du produit de son travail, en vertu de la loi du 13 juillet 1907 sur le libre salaire de la femme mariée.

Epoux survivant ou divorcé. — L'époux survivant ou divorcé peut établir une constitution de bien de famille insaisissable sur tous ses biens personnels.

Aïeul ou aïeule. — La Constitution est possible selon les mêmes distinctions qui ont été établies ci-dessus.

CHAPITRE TROISIÈME

Habitation et exploitation par les bénéficiaires

Pour que la loi de 1909 produisit l'effet qu'on en voulait tirer, il était nécessaire que la maison fut habitée et les terres exploitées par les bénéficiaires eux-mêmes ; aussi est-ce là une condition impérieuse de la constitution. Sans cette obligation, écrite en toutes lettres dans l'article 2, le but visé n'aurait pas été atteint, la famille aurait pu continuer à vivre sous un toit incertain et l'exode des campagnes n'aurait pas été enrayée puisque les terres auraient pu être cultivées par d'autres.

Selon le droit commun, si une contestation s'élevait au sujet de l'habitation ou de l'exploitation personnelles, il appartiendrait au demandeur de faire la preuve de sa prétention. Mais quelle serait la sanction contre un bénéficiaire qui faillirait à l'une de ces conditions ? La loi n'a pas indiqué les conséquences de cette inobservation de ses stipulations, mais il ne semble pas douteux que ce serait la perte même du bénéfice de l'insaisissabilité.

CHAPITRE QUATRIÈME

Absence de dettes hypothécaires ou chirographaires

Les articles 1092 et 1095 du Code civil proclament que les biens du débiteur sont le gage commun de ses créanciers et que quiconque s'oblige personnellement est tenu de remplir son engagement sur tous ses biens. La loi du 12 juillet 1909 ne pouvait pas faire échec à ces principes et, par l'omission de formalités préventives, libérer de sa dette le débiteur malhonnête en pleine prospérité. Aussi a-t-elle garanti non seulement toutes les dettes hypothécaires ou privilégiées, mais encore toutes les créances chirographaires, c'est-à-dire celles que ne révèle aucun acte apparent.

On verra plus loin, aux titres relatifs aux formalités et aux garanties offertes aux créanciers, de quelles façons sont protégées les diverses créances contre la constitution d'un bien de famille insaisissable.

Nous nous bornons donc à signaler dans ce chapitre que l'existence de créances hypothécaires ou privilégiées, si elle est révélée dans les délais et selon les formes prescrites, ou celle des créances chirographaires, si les créanciers prennent les mesures prévues par la loi, mettent obstacle à la constitution.

Exception. — Hypothèques légales. — Bien souvent, si le législateur n'avait prévu à leur encontre une exception, les hypothèques légales se fussent opposées à la constitution, car, dans tout ménage, c'est l'hypothèque légale de la femme ou celle d'un mineur qui serait venue frapper d'interdiction l'intention du constituant, et c'eût été regrettable car, outre que ces sortes d'hypothèques n'ont pas toujours une utilité évidente, elles n'ont le plus souvent à produire effet, s'il devient nécessaire, que dans un délai fort éloigné. Aussi les hypothèques légales n'empêchent-elles pas la constitution ; l'exercice du droit de poursuite est seulement suspendu jusqu'à la désaffectation du bien.

TITRE II.

Formalités

Les formalités que l'on doit remplir pour parvenir à la constitution définitive et régulière d'un bien de famille insaisissable sont au nombre de quatre :

L'acte de constitution ;
La publicité ;
L'homologation ;
La transcription.
Nous allons étudier séparément chacune de ces formalités.

CHAPITRE PREMIER

Acte de Constitution

La constitution d'un bien de famille insaisissable peut résulter de différents actes : une déclaration faite pardevant notaire ; un testament ; une donation et même, quoique cette forme de constitution ne soit pas expressément prévue par le texte de l'article 6, un contrat de mariage.

§ 1er. — Constitution par déclaration notariée

C'est le mode élémentaire de constitution, celui qui sera le plus souvent appliqué si la loi reçoit un jour la popularité qu'elle mérite.

A quiconque remplit les conditions rappelées plus haut et veut se constituer un bien de famille insaisissable, il suffit de se présenter chez un notaire et d'en faire la déclaration. Nous verrons plus loin les énonciations que doit contenir l'acte de constitution.

§ 2. — Constitution par testament

La constitution peut aussi se faire sous la forme d'un testament. Tous les modes de tester sont admis (testament notarié, olographe ou mystique). Dans le cas de constitution par testament olographe ou mystique, l'intervention du notaire n'est pas immédiate, elle ne se produit qu'au moment de l'ouverture ou du dépôt.

§ 3. — Constitution par donation

La constitution par donation est nécessairement une constitution notariée, puisque la donation est un contrat solennel, c'est-à-dire un contrat qui ne peut être reçu que par un notaire et qui serait nul s'il était fait sous une autre forme. L'intervention de l'officier ministériel est donc toujours nécessaire.

§ 4. — Constitution par contrat de mariage.

Ce mode de constitution, quoiqu'il reçut l'approbation de la Chambre, n'avait pas été inséré dans la loi afin d'en hâter le vote, le projet ne l'ayant pas prévu ; mais l'article 4 du décret du 26 mars 1910 prévoit et admet cette forme. Si donc les futurs époux veulent se constituer à eux-mêmes un bien de famille insaisissable, ou si un parent veut leur en constituer un, ils peuvent le faire par contrat de mariage. Dans ce cas, la constitution prend effet à dater du jour de la célébration du mariage (comme du reste le régime matrimonial lui-même), puisque, jusque-là, la constitution exigée par le § 1er de la loi ne se trouve pas remplie.

§ 5. — Timbre et enregistrement

La loi du 12 juillet 1909 n'a pas indiqué si les constitutions de bien de famille insaisissable seraient soumises ou non aux droits de timbre et d'enregistrement ; ce n'est que le 8 avril 1910, que la loi de finances (article 13) a solutionné la question.

La déclaration faite devant notaire est seule passible du droit d'enregistrement de 3 fr. 75, décimes compris ; les autres modes de constitution (testament, donation, contrat de mariage) sont dispensés de tout droit. Mais la dispense ne s'étend pas au timbre ; tous les actes constitutifs de biens de famille insaisissables doivent être dressés sur timbre.

Disons de suite que la transcription dont il sera tout à l'heure parlé, ne donne lieu à la perception d'aucun droit, d'aucune taxe au profit du Trésor, et que seuls les honoraires des conservateurs des hypothèques lui demeurent acquis.

§ 6. — Mentions que doivent contenir les actes de constitution

L'article 6 § 2 de la loi du 12 juillet 1909 et l'article 1er du décret du 26 mars 1910 qui le complète, énumèrent les différentes mentions que doit contenir un acte de constitution. Les voici :

1º Nom, prénoms, date de naissance, domicile, situation de famille (célibataire, veuf, marié) ; mêmes indications pour le bénéficiaire s'il est distinct du constituant ; copie sur papier libre, certifiée conforme, du décret d'admission à domicile s'il s'agit d'un étranger.

2º Désignation de l'immeuble constitué par : nom, nature, contenance, références cadastrales, origine sommaire de propriété, estimation.

Si la constitution a été faite par testament et que le testateur ait omis quelques unes de ces indications, le bénéficiaire a un délai d'un mois à partir de l'ouverture du testament pour les fournir dans une déclaration reçue par le notaire.

§ 7. — Assurance contre l'incendie

L'acte de constitution doit être complété par l'existence d'une assurance contre l'incendie pour les bâtiments. La loi exige implicitement cette garantie en disant dans son article 8 que le juge de paix s'assurera que les bâtiments sont assurés contre les risques de l'incendie.

CHAPITRE DEUXIÈME

Publicité

§ 1ᵉʳ. — Affichage

L'acte de constitution doit être affiché pendant deux mois par extrait sommaire, au moyen de placards manuscrits et sans procès-verbal d'huissier. L'affichage a lieu à la justice de paix et à la mairie de la situation des biens.

§ 2. — Insertions

L'article 6 prévoit en outre une double insertion au journal du département où sont situés les biens et recevant les annonces légales. Cet avis est inséré à quinze jours d'intervalle.

La publicité par affichage a pour but de faire connaître aux tiers, créanciers inconnus actuels ou futurs, le projet de constitution afin qu'ils puissent se garantir contre ses effets. Telle qu'elle est organisée par la loi de 1909, cette publicité paraît absolument illusoire et manquer son but.

Peu de personnes lisent les nombreux placards affichés aux portes des mairies et justices de paix, dans des conditions telles parfois qu'il faudrait se livrer pour les déchiffrer à de véritables exercices d'acrobatie ou de recherches. Quelquefois aussi, dans certaines communes très étendues, la mairie se trouve très éloignée de hameaux dont les habitants n'ont que de très rares occasions de se rendre au centre municipal. Il eût donc été désirable qu'un acte qui peut porter préjudice aux tiers fût porté à leur connaissance par une plus large information, et, tout au moins, qu'une affiche eût été obligatoirement apposée sur la porte même du domicile du constituant. Car, plus illusoire encore peut être la publicité par insertions. La loi l'ordonne dans un journal d'annonces légales *du département* ; il suffira donc au constituant malhonnête, pour que son projet demeure ignoré, de publier l'avis dans un journal peu répandu et imprimé à l'autre extrémité de son département.

C'est là une faiblesse de la loi de 1909 qu'il serait facile de réparer.

CHAPITRE TROISIÈME

Homologation

Afin de donner aux tiers une garantie effective, le législateur a soumis la constitution du bien de famille insaisissable à la formalité de l'homologation par le juge de paix.

A l'expiration du délai de deux mois pendant lequel l'acte est affiché par extrait, l'acte est soumis au juge de paix avec les pièces justificatives, c'est-à-dire :

L'acte de constitution lui-même ;
Le certificat du maire attestant l'affichage ;
Le certificat négatif d'inscription hypothécaire ou d'opposition ;
La police d'assurance contre l'incendie ;
Les exemplaires du journal où l'avis a été inséré.

Le juge de paix s'assure alors que toutes les conditions ont bien été remplies :
Valeur de l'immeuble ;
Absence de créances hypothécaires ou privilégiées ;
Absence d'appositions ou leur main-levée ;
Assurance contre l'incendie ;
Habitation et exploitation personnelles ;
Conditions de capacité, de famille, de nationalité.

Enfin, si le juge de paix n'a sur la valeur de l'immeuble que des données insuffisantes, il peut d'office commettre un expert qui sera, autant que possible, un habitant de la commune dispensé du serment (Décret du 26 mars 1910, article 7).

CHAPITRE QUATRIÈME

Transcription

La constitution de bien de famille insaisissable étant une sorte d'aliénation à l'égard des tiers, aliénation *sui generis*, elle ne sera parfaite quoique homologuée par le juge de paix, qu'après transcription au bureau des hypothèques. Cette transcription doit être opérée dans le mois de l'homologation ; elle peut être requise par toute personne et elle est obligatoire, à peine de nullité de la constitution.

Nous rappelons qu'aucune taxe n'est perçue au profit du Trésor, mais que le conservateur des hypothèques a droit à ses honoraires (loi du 8 avril 1910, art. 13).

TITRE III.

Comment les tiers connaissent la constitution d'un bien de famille insaisissable et comment ils peuvent garantir leurs droits.

CHAPITRE PREMIER

Connaissance de la Constitution

§ 1er. — Connaissance du projet de Constitution

Nous avons examiné au titre précédent, les formalités imposées par la loi pour parvenir à la constitution définitive, et nous avons constaté qu'en outre des garanties de régularité offertes au tiers par l'intervention obligatoire du notaire et du juge de paix, il existe différentes mesures de protection dont le seul but est de porter à la connaissance des intéressés le projet de constitution.

Par l'affichage pendant deux mois, aux portes de la mairie et de la justice de paix, d'un extrait de l'acte de constitution, et par la publication à quinze jours d'intervalle de deux avis insérés dans un journal du département, les tiers sont prévenus qu'une personne, prétendant remplir les conditions imposées par la loi, est dans l'intention de transformer tout ou partie de son patrimoine en bien de famille insaisissable.

§ 2. — Connaissance de l'existence d'une Constitution

Une fois la constitution du bien de famille insaisissable devenue définitive, il était important que les tiers appelés à contracter avec le bénéficiaire ne fussent pas induits en erreur sur sa solvabilité par l'existence apparente, mais non réelle, d'une garantie. Nous avons vu que la constitution était transcrite au bureau des hypothèques. C'est par l'effet de cette transcription que les tiers, sur le point de contracter avec un individu, connaîtront la constitution et, par conséquent, l'absence de garantie offerte par les immeubles rendus ainsi insaisissables.

CHAPITRE DEUXIÈME

Garantie des droits des tiers

§ 1ᵉʳ. — Inscription des hypothèques

Si, au moment même où le propriétaire constitue son immeuble en bien de famille insaisissable, des hypothèques conventionnelles ou judiciaires, ou des privilèges sont déjà inscrits, les créanciers, au profit de qui ont été requises ces inscriptions, n'ont à se préoccuper de rien. La constitution ne peut pas suivre son cours ; elle devient impossible tant que mainlevée n'aura pas été donnée. En admettant que, par impossible, la procédure de constitution suive néanmoins son cours au début, elle se trouvera fatalement paralysée lorsqu'elle parviendra aux mains du juge de paix qui refusera l'homologation.

Mais si les hypothèques et privilèges, quoique nés, ne sont pas encore inscrits, les créanciers qui en sont bénéficiaires ne sont pas pour cela déchus ; ils peuvent utilement remplir les formalités de l'inscription dans le délai imparti pour la publicité, et les inscriptions ainsi prises ont alors le même effet que si elles avaient été opérées antérieurement, c'est-à-dire qu'elles arrêtent le cours de la procédure et rendent impossible la constitution.

§ 2. — Opposition des créanciers chirographaires

Dans le même délai de publicité de deux mois, la loi accorde aux créanciers chirographaires, c'est-à-dire à ceux qui ne jouissent pas de garanties spéciales pour la sécurité de leurs créances, le droit de s'opposer à la constitution.

Cette opposition n'entraîne pour eux aucuns frais. Elle est reçue par le notaire rédacteur de l'acte de constitution ou dépositaire du testament et n'exige d'autre formalité qu'une simple déclaration mentionnée en marge de l'acte. Tant que cette opposition subsiste, la constitution ne peut avoir lieu.

§ 3. — Créanciers postérieurs à la Constitution

Ces garanties ne peuvent évidemment, par la force même des choses, s'appliquer qu'aux créances antérieures à la constitution. Quant aux créanciers postérieurs, il ne tenait qu'à eux de s'assurer de la situation de leur débiteur, soit en se rappelant, s'ils l'ont connue en son temps, la constitution ; soit en s'informant au bureau des hypothèques. Ont-ils malgré tout fait crédit ? Qu'ils ne s'en prennent qu'à eux-mêmes. Au reste, les ouvriers qui auront constitué un bien de famille seront, à peu près certainement, des ouvriers honnêtes, laborieux et dignes, par conséquent, de confiance puisqu'ils auront été prévoyants, qu'ils auront eu le mérite de savoir amasser ou tout au moins conserver un patrimoine ; qu'ils auront manifesté la volonté de le garder intact, et puisque, enfin, pour pouvoir profiter du bénéfice que leur accordait la loi, il aura fallu qu'ils fussent exempts de dettes, ce qui, en tous temps est un signe de labeur et de probité.

A ceux-là donc on pourra faire crédit, parce que ce crédit sera basé sur ce qui est la meilleure des garanties, le travail et la conduite.

TITRE IV.

Des effets de la Constitution et de ses modifications

Jusqu'ici, nous n'avons étudié que les conditions de capacité, de forme, et les moyens qui sont donnés aux tiers pour se garantir ou s'opposer à l'établissement du bien de famille. Nous allons maintenant examiner les effets produits par la constitution.

CHAPITRE PREMIER

De l'insaisissabilité et de l'impossibité de vendre à réméré ou d'hypothéquer.

A partir du jour où l'acte de constitution a été transcrit au bureau des hypothèques, comme il a été expliqué plus haut, la constitution est définitive et le bien de famille devient insaisissable. Cette insaisissabilité est le but poursuivi par la loi, sa raison d'être, ce qui en a motivé l'élaboration et le vote.

Jusqu'à la transcription, si des inscriptions nouvelles ne pouvaient plus être utilement prises, les délais étant expirés dans lesquels il était permis de les inscrire, du moins une saisie immobilière pouvait-elle encore intervenir. C'en est fini, dès lors que l'acte homologué par le juge de paix a été transcrit.

De même, à partir de cette date, l'immeuble ne peut plus être hypothéqué ni vendu à réméré..

En un mot, le bien de famille devient en quelque sorte indisponible, sauf les exceptions que nous étudierons dans les chapitres suivants.

CHAPITRE DEUXIÈME

Exceptions à l'insaisissabilité

Le projet du gouvernement prévoyait un assez grand nombre d'exceptions qui, finalement aboutissaient à l'anéantissement du principe de la loi.

Après nombre de discussions, les exceptions à l'insaisissabilité n'ont été admises que sur les fruits et seulement pour trois causes nettement définies.

1° *Pour les dettes résultant de condamnations pénales*, ce par quoi il faut entendre les amendes, dommages-intérêts, restitutions et frais ;

2° *Pour les impôts et les primes d'assurance contre l'incendie*, ce qui n'est que le corollaire de l'obligation d'assurance de l'article 8 ;

3° *Pour les dettes alimentaires.*

L'article 10 prévoit aussi une exception permettant la saisie de l'immeuble en faveur des créanciers antérieurs à la constitution, ayant rempli les formalités exigées par la loi. A vrai dire, c'est là une disposition inconcevable puisque la constitution n'aurait pu avoir lieu ; elle n'aurait pas été homologuée. A moins qu'on ne suppose une constitution opérée quand même, par suite d'une erreur. Mais, dans ce cas, ne serait-elle pas plutôt nulle ?

CHAPITRE TROISIÈME

Inaliénabilité. — Conditions de cession

Le bien de famille est non seulement insaisissable, mais encore inaliénable. Cependant, cette interdiction d'aliéner aurait pu avoir de graves inconvénients ; il peut être, en certains cas, à certaines époques, par suite d'un engouement, d'une occasion exceptionnelle, avantageux de vendre. D'autre part, permettre d'aliéner, c'est rendre illusoire la constitution ; la loi n'avait plus qu'un effet bien limité. Il était donc nécessaire d'autoriser le propriétaire à aliéner, mais sous certaines conditions, en entourant la vente de garanties efficaces.

L'aliénation du bien de famille peut donc avoir lieu, mais seulement dans les cas, et sous les conditions ci-après :

1° *Ni femme, ni enfant.* — La constitution n'ayant pu avoir lieu que si le bénéficiaire était marié ou père de famille, le cas ne peut se présenter que si le mariage est dissous et les enfants majeurs. L'aliénation ou la renonciation ne subit alors aucune entrave.

2° *Pendant le cours du mariage sans enfants mineurs.* — La renonciation ou l'aliénation ne peut avoir lieu qu'avec le consentement de la femme donné devant le juge de paix. Et puisque la femme peut refuser ce consentement, il faut admettre à plus forte raison qu'elle pourrait ne l'accorder que sous certaines conditions, telles par exemple que celle de remploi.

3° *Présence de mineurs.* — L'aliénation ou la renonciation ne peut avoir lieu qu'après que le conseil de famille aura pesé les avantages résultant de l'opération et aura, par une décision toujours sans appel, donné son autorisation.

Toute aliénation ou renonciation qui, dans l'une des situations ci-dessus, n'aurait pas été entourée des garanties exigées par la loi serait nulle.

Mais, ce que le législateur a omis de dire, c'est dans quelles formes devrait se faire la renonciation et comment elle serait connue des tiers. C'est une lacune regrettable qu'il importe de combler.

CHAPITRE QUATRIÈME

Expropriation pour cause d'utilité publique

L'insaisissabilité d'un immeuble ne pouvait entraver des travaux d'utilité publique. Le législateur a donc prévu le cas où une expropriation serait nécessaire et a ordonné que s'il y a prédécès de l'un des époux et qu'il existe des enfants mineurs, il appartient au juge de paix d'ordonner telles mesures de conservation et de remploi qu'il jugera utile.

CHAPITRE CINQUIÈME

Destruction du bien ; indemnité d'assurance

Il importait de décider ce qu'il adviendrait de l'indemnité d'assurance au cas où un cataclysme anéantirait l'immeuble. L'article 14 indique qu'elle sera versée à la Caisse des Dépôts et Consignations et y restera insaisissable pendant un an, sauf les exceptions d'insaisissabilité que nous avons étudiées supra.

L'année expirée, le mari aurait pu retirer les fonds et les dissiper ; c'est pourquoi la femme a le droit d'exiger leur remploi en immeubles ou rentes sur l'Etat.

CHAPITRE SIXIÈME

Substitution d'un bien à un autre

Les circonstances peuvent rendre avantageuse la substitution d'un bien de famille à un autre. Par exemple, si le bien primitif a subi une plus-value considérable, ce peut-être un acte de très bonne administration de profiter du moment favorable pour le vendre et en acheter un autre.

Il faudra, pour que cette substitution d'un bien à un autre soit possible, que le nouvel immeuble remplisse toutes les conditions exigées pour une constitution primitive et que toutes les formalités étudiées ci-dessus soient remplies.

En outre, cette substitution comportant une renonciation à une constitution existante, le consentement du conjoint ou l'avis du conseil de famille sera nécessaire comme dans le cas prévu à l'article II de la loi et que nous avons examiné.

TITRE V.

Comment s'éteint le bien de famille

Nous avons passé en revue, dans le titre précédent, les différents effets de la constitution du bien de famille et les modifications qui peuvent survenir dans cette constitution, mais nous n'avons pas encore vu de quelle façon prend fin naturellement l'état de choses ainsi établi. Il est cependant évident que le régime de l'insaisissabilité du bien de famille ne peut durer indéfiniment ; comme toute chose, il doit avoir un commencement et une fin, le législateur n'a pas voulu en faire un bien de main-morte.

Si — comme il résulte par argument de l'article 17 — les effets de la constitution subsistent tout aussi longtemps que dure le mariage, encore qu'il n'y ait pas d'enfants ou que les enfants soient morts ou aient atteint leur majorité, trois éventualités peuvent se présenter après la dissolution du mariage :

1° *Le survivant des époux est propriétaire du bien.* — En ce cas, l'insaisissabilité subsiste au profit de l'époux survivant, car, comme le disait M. Guillier au Sénat, « en créant ce bien de famille, le constituant a préparé sa retraite en même temps qu'il assurait un abri à sa famille et à son conjoint. »

2° *Le survivant des époux n'est pas propriétaire du bien.* — S'il existe des enfants mineurs, l'insaisissabilité peut être maintenue par la continuation de l'état d'indivision. A cet effet, une déclaration de demande en maintien d'indivision est faite au greffe de la justice de paix de la situation du bien par le conjoint survivant. le tuteur, le conseil de famille, ou un enfant majeur. Le juge de paix, après avoir reçu l'avis du conseil de famille, tant sur l'opportunité de ce maintien que sur la valeur de l'indemnité à allouer aux héritiers majeurs, accorde la prorogation de l'état d'indivision jusqu'à la majorité du plus jeune des mineurs, moyennant une indemnité aux héritiers qui sont ou deviennent majeurs et qui ne profitent plus de l'habitation.

3° *Le survivant est co-propriétaire du bien.* — Le conjoint survivant a alors une sorte de préemption sur la part du *de cujus*, c'est-à-dire qu'il peut, moyennant le paiement aux héritiers de la valeur de cette part, valeur fixée à l'amiable ou par le juge de paix après expertise, se faire attribuer cette partie du bien. Cette attribution est obligatoire pour le juge de paix toutes les fois qu'elle est demandée par un époux survivant co-propriétaire et habitant l'immeuble.

TITRE VI.

Contestations

Si des contestations surgissent sur la validité de la constitution du bien de famille, si des créanciers prétendent que l'on n'a pas rempli toutes les conditions exigées par la loi, si la femme ou le tuteur soulèvent des objections contre la régularité d'une renonciation ou d'une aliénation, c'est au Tribunal civil du lieu de la situation des biens qu'il appartient de les juger.

La femme mise en cause n'a pas besoin d'autorisation pour plaider et les mineurs sont représentés par leur tuteur.

Si le jugement intervenant apporte une modification quelconque à la constitution, cette modification est portée à la connaissance des tiers par la transcription dudit jugement en marge de la constitution.

RÉSUMÉ

But de la loi. — Créer un domaine insaisissable, composé d'une maison seule ou d'une maison avec terres, et assurer ainsi la sécurité du travailleur.

Conditions d'application. — Occupation et exploitation par la famille. — Valeur maxima au moment de la constitution : 8,000 francs. — Ni indivision ni hypothèque (exception pour les hypothèques légales).

Qui peut constituer. — 1° *Mari.* — Sur ses biens personnels, sur ceux de communauté, sur ceux de sa femme dont il a l'administration.

2° *Femme.* — Sur les biens dont elle a l'administration.

3° *Survivant ou époux divorcé.* — S'il existe des enfants mineurs.

4° *Parents naturels ou adoptifs.* — A défaut d'enfants légitimes.

5° *Grands-parents.* — Ayant recueilli leurs petits-enfants orphelins ou abandonnés.

6° *Toute personne.* — Au profit d'une autre ayant les capacités requises.

Formalités. — Acte notarié, ou donation ou testament. — Homologation par le juge de paix après publicité. — Transcription dans le mois de l'homologation.

Garantie des droits des créanciers. — Affichage pendant deux mois et insertions dans les journaux, pendant quoi ils peuvent utilement inscrire leurs hypothèques ou privilèges ou former opposition s'ils ne sont pas créanciers chirographaires.

Conséquences. — Insaisissabilité ; impossibilité d'hypothèquer ou de vendre à réméré ; aliénation soumise à certaines conditions : consentement de la femme, autorisation du conseil de famille.

Durée. — *Survie de l'époux propriétaire.* — Continuation même en l'absence d'enfants.

2o *Survie d'un époux co-propriétaire.* — Droit de se faire attribuer le bien s'il l'habite.

3o *Décès de l'époux propriétaire.* — Maintien possible de l'indivision s'il y a des mineurs jusqu'à la majorité du dernier.